AF359918

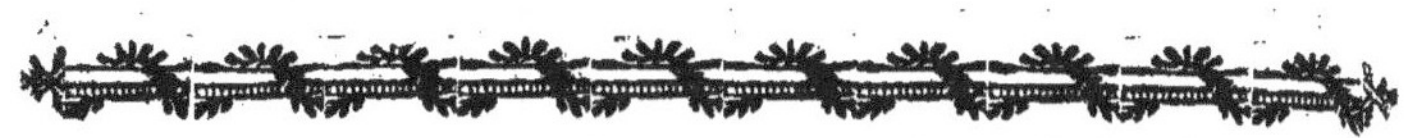

Les Paroles ſont de M. DUBREUIL.

La Muſique de M. PICCINI.

IPHIGÉNIE
EN
TAURIDE,
TRAGEDIE-LIRIQUE
EN QUATRE ACTES,
REPRÉSENTÉE POUR LA PREMIÈRE FOIS,
PAR L'ACADÉMIE-ROYALE
DE MUSIQUE,
Le Mardi 23 Janvier 1781.

PRIX XXX SOLS.

AUX DÉPENS DE L'ACADEMIE.

De l'Imprimerie de P. DE LORMEL, Imprimeur de ladite Académie
rue du Foin Saint-Jacques, à l'Image Sainte Genevieve.

On trouvera des Exemplaires du Poëme à la Salle de l'Opéra.

M. DCC. LXXXI.
AVEC APPROBATION ET PRIVILEGE DU ROI.

AVERTISSEMENT DE L'AUTEUR.

*B*Ien des Perſonnes penſent peut-être que les *Auteurs de la nouvelle* Iphigénie en Tauride *ont eu deſſein de rivaliſer ceux de l'ancienne. Il eſt néceſſaire de les détromper. Lorſque l'Auteur des Paroles de la nouvelle* Iphigénie *travaillait à cet Ouvrage, il y a cinq ou ſix ans, il ne connoiſſait pas même de nom* M. GUILLARD. *Il ne connoiſſait* M. PICCINI *que de réputation ; & il étoit loin de ſavoir s'il viendrait en France ou non. Son Poëme fini, il le fit voir à quelques gens de lettres de ſes amis qui jugerent qu'il pouvait être mis en Muſique , & que le genre convenait au pinceau de* M. GLUCK. *En conſéquence il écrivit à* M. GLUCK, *qui pour lors était à Vienne, & lui propoſa ſon Ouvrage.* M. GLUCK, *par ſa réponſe datée à Vienne le* 10 Sept. 1776, *lui marqua qu'il y avait apparence que ce ſujet convenait au Théâtre Lyrique, puiſqu'on lui avoit déjà propoſé un Poëme du même titre, que pour le moment il ne pouvait s'occuper de l'un ni de l'autre, attendu qu'il finiſſait ſon Armide, qu'il comptait donner à Paris l'hiver ſuivant, que ſitôt qu'il y ſerait de retour, il ſe ferait un plaiſir de lire & d'examiner les deux Ouvrages, & qu'il ſe chargerait de mettre en Muſique celui qui lui paraîtrait le plus propre à être traité. Lorſque l'Auteur ſut* M. *le Chevalier* GLUCK *de retour à Paris, il ſe tranſporta deux fois chez lui, rue des Foſſoyeurs, où il logeait alors, ſans le trouver. Il lui écrivit par la petite Poſte, & il en reçut une réponſe le* 4 Juin 1777, *par laquelle il lui marquait que ſa ſanté ne lui permettait pas de ſonger à faire d'autres Opéras, & qu'ainſi il étoit inutile qu'il vît ſon Ouvrage. Cependant l'Iphigénie de* M. GUILLARD *était déjà ſur le Métier. On ignore pourquoi* M. GLUCK *fit cette réponſe à l'Auteur. Mais celui-ci ne tarda pas à ſavoir que* M. GLUCK *n'avoit pas voulu lui dire ſon ſecret. A cette nouvelle il renferma ſon Poëme dans ſon porte-feuille. Quelque tems après la Direction de l'Opéra changea.* M. DEVISMES *en devint Adminiſtrateur. Des amis de l'Auteur qui connaiſſaient ſon Ouvrage, lui conſeillerent d'aller trouver le nouvel Adminiſtrateur : il y fut.* M. DEVISMES *ſaiſit avec avidité la propoſition qu'il lui fit de ſon Iphigénie, il la lui fit laiſſer, & trois ou quatre jours après il lui dit qu'il avait lu ſon Poëme, qu'il le trouvait bien, qu'il en avait chargé un Muſicien, dont lui*

Auteur ferait sûrement content, & qu'il le lui nommerait sous quelques jours. Il ne pouvait faire effectivement un meilleur choix ; & l'Auteur fut enchanté, lorsqu'il fut de M. DE VISMES que M. PICCINI s'était chargé de mettre son Ouvrage en Musique. D'après la parole & les promesses de M. DE VISMES aux Auteurs, que leur Ouvrage serait donné au 15 Janvier 1779, avant celui de M. GLUCK, qui, selon lui, ne devait revenir à Paris qu'après Pâques de la même année, M. PICCINI se mit, dès le mois de Juillet 1778, à le composer, & les trois premiers Actes furent faits au mois de Septembre suivant. Mais ayant appris alors que M. GLUCK arrivait avec son Iphigénie, & qu'elle serait donné avant la sienne ; il la laissa là, & n'en reprit le travail, sur les sollicitations de M. DE VISMES & de ses amis que l'été de l'année suivante. Des circonstances particulieres ont empêché que cet Ouvrage ne fut donné plutôt. Mais d'après cet exposé, qui est on ne peut pas plus véritable, on se flatte que le public ne verra dans l'un & l'autre Auteur de la nouvelle Iphigénie aucune intention de joûter contre ceux de l'ancienne. Le hasard ayant voulu que les deux Poëtes ayent pris pour modele l'Iphigénie de GUIMOND DE LA TOUCHE, il est tout naturel que quelques-Scènes de leurs Ouvrages ayent de la ressemblance entre elles. Quant au reste il sera aisé de voir qu'il n'y en a aucune, & que le dernier n'a nullement cherché à profiter de l'antériorité de l'autre. Il a suivi son plan & sa maniere : c'est au public à juger s'il a bien fait. Puisse ce même Public ne trouver dans le hasard qui a produit cette concurrence qu'un moyen de plus de se procurer un nouveau plaisir, & prenant peu à peu l'esprit des Italiens, n'envisager dans les Auteurs, qui pourraient travailler sur des sujets semblables, même en le fachant, qu'une émulation noble, louable & capable de porter insensiblement l'art à son dégré de perfection, & nullement une basse & méprisable jalousie, indigne de tous vrais Artistes, & qui surtout n'est jamais entrée dans l'esprit des Auteurs du nouvel Opéra !

Nota. Quoique les vers de l'*Iphigénie en Tauride* de GUIMOND DE LA TOUCHE soient sus & connus généralement, néantmoins l'Auteur du nouvel Opéra a cru devoir marquer par de guillemets ceux qu'il s'est permis de prendre en entier dans cet ouvrage, ou ceux que la tournure du vers lirique l'a forcé de changer, sans en dénaturer l'idée.

ACTEURS ET ACTRICES
CHANTANS DANS LES CHŒURS.

CÔTÉ DE LA REINE.		CÔTÉ DU ROI.	
Mesdemoiselles.	*Messieurs.*	*Mesdemoiselles.*	*Messieurs.*
d'Agée.	Candeille.	Dubuisson.	Héri.
des Rosières.	Larlat.	d'Hautrive.	Lagier.
Chenais.	Tourcati.	Veron.	Martin.
Constance.	Capoi.	Garrus.	Vanheke.
Thaunat.	Hilden.	Rouxelin.	Tourillon.
Laurence.	Méon.	Sanctus.	Boi.
Paris.			Huet.
Gavaudan. c.	Cleret.	Dumontier.	Itasse.
Isidore.	Baillon.	Adelaide.	Jouve.
Eugenie.	Fagnan.	Charmois.	Moulin.
Du Beaupré.	Tacusset.	Chabaneau.	Bouvart.
	de Lori.	Léclerc.	Cavailher.
	Joinville.	Deslions.	Jalaguier.

ACTEURS.

IPHIGÉNIE,	Mlle. Laguerre.
ORESTE,	M. l'Arrivée.
PILADE,	M. le Gros.
THOAS,	M. Moreau.
ELISE, *Confidente D'IPHIGÉNIE,*	Mlle. Joinville.
UN SCITHE,	M. Lainé.
UNE SCITHE,	Mlle. Gavaudan.
UN SCITHE,	M. Lays.
DIANE,	Mlle. Châteauvieux.
PRÊTRESSES,	Mlles. Rozalie, Audinot, Deslions, Thaunat, Dubuiſſon, Joſephine.
PEUPLES Scithes,	M^{rs}. Blery, Royer, Mlles. Girardin, l. Châteauvieux.

La Scène eſt en TAURIDE.

PERSONNAGES DANSANTS.

ACTE PREMIER.

SCITHES.

M^{rs}. GARDEL, l.

M. DAUBERVAL.

Mlles. ALLARD, PESLIN.

Mrs. HUART, VICTOR.

Mlles. COULON, MULLER.

M^{rs}. Simonet, le Breton, Clerget, Delahaye,
le Bel, Hennequin, l. Guillet, l. Rivet,
Coindé, Pladix.

Mlles. Bigotini, Augufte, le Houx, Camille,
Jenny, Thiery, Neuville, Defgravilles,
Dumiraille, la Cofte.

ACTE SECOND.

SCITHES.

M. GARDEL, j.

Mlles. HEYNEL.

Mlle. THEODORE.

Les mêmes Danfeurs & Danfeufes du premier Acte.

ACTE QUATRIEME.

MATELOTS GRECS.

M. NIVELON.   Mlle. GUIMARD.

Mlle. GERVAIS.

Mrs. LAURENT, VICTOR.

CORIPHÉES.

Mrs. LE DOUX, BARRE'.
Mrs. COULON, MULLER.

M^rs. Caster, Giguet, Hennequin, c. Guillet, c. Duffel, le Roi, 2., Largilliere, Guingret.

Mlles. Henriette, Carré, Thifte, Vilette, Darcy, Gibaffier, la Croix, Bernard.

IPHIGÉNIE

IPHIGÉNIE
EN TAURIDE.

ACTE PREMIER.

Le Théâtre repréſente un Boſquet contigu au Palais de Thoas & au Temple de Diane.

SCÈNE PREMIERE.

IPHIGÉNIE, *ſeule.*

A I R.

O Jour fatal ! que je voulais envain
Ne pas compter parmi ceux de ma vie,

B

Aux yeux d'Iphigénie
Jour fatal, tu luis donc enfin !
Il faudra me réfoudre à cet Himen funefte !
Tiran, que je détefte !
Moi ! te donner la main !
Non, jamais… O mort ! que j'attefte,
Plutôt que de céder à cet affreux deftin,
Aux regards de Thoas, je me perce le fein.

SCÊNE II.

IPHIGÉNIE, PRÊTRESSES.

LE CHŒUR.

JEune & belle Princeffe !
Banniffez la trifteffe
Qui vous pourfuit jufqu'en ce jour :
Mettez un terme à vos alarmes,
Voyez, pour effuyer vos larmes,
S'empreffer l'Himen & l'Amour.

IPHIGÉNIE.

Pour adoucir mes maux vainement tout confpire :
Dès mes plus jeunes ans dévouée au malheur,
Vivre à jamais au fein de la douleur,
C'eft mon deftin, c'eft tout ce que mon cœur défire.

LA PRÉTRESSE.

Tout, pour combler vos vœux, s'empreſſe en ce
ſéjour.

IPHIGÉNIE.

Tout s'empreſſe plutôt, pour y combler mes peines :
Dans ces funeſtes lieux captive ſans retour,
L'Himen y veut encore appéſantir mes chaînes.
Quel Himen ! les tourmens , la mort ſont moins
　　　cruels ;
　　　Le Ciel, la Loi, tout le condamne.
Le ſacrilege ! il veut m'enlever à Diane,
Et recevoir ma main, au pié de ſes Autels !
N'était-ce pas aſſez du Miniſtère horrible
Qu'il me faut exercer ſur ces bords criminels ?
La mort, qu'il faut donner aux malheureux mortels !
Quel emploi pour un cœur généreux & ſenſible !

A I R.

Diane ! ſuſpens ton courroux :
Pardonne aux pleurs que verſe Iphigénie.
　　Ah ! tu le fais, dans ma Patrie
　　On te peint ſous des traits ſi doux :
Puis-je penſer qu'inhumaine, ſanglante,
De toi même en ces lieux tu ſois ſi différente ?

　　　　　　　　B ij

LE CHŒUR.

Sans murmurer, fervons les Dieux :
Obéiffons, quand ils commandent :
Des cœurs zélés, refpectueux,
C'eft de nous tout ce qu'ils attendent.

IPHIGÉNIE.

(à part.)
Ah ! Dieux ! ...
(Aux PRÉTRESSES.)

Eloignez-vous un moment de ces lieux.

(Les PRÉTRESSES fortent.)

Toi, refte, Elife.

SCENE III.

IPHIGÉNIE, ÉLISE.

IPHIGÉNIE.

A Mes peines fenfible,
J'ai toujours cru te voir partager ma douleur.

ÉLISE.

Votre fort me parait horrible :
Ah ! que n'en puis-je adoucir la rigueur !

IPHIGÉNIE.

Tu fais que le malheur m'a toujours pourfuivie ;
Que l'amour de Thoas le rend plus rigoureux ;
Que le trépas eft ma plus chere envie :
Eh bien ! dans cet inftant, dans l'inftant de ma vie
Le plus trifte, le plus affreux,
Penferas-tu jamais qu'Iphigénie
Se flatte encor de revoir fa Patrie ?

ÉLISE.

Se peut-il ?

IPHIGÉNIE.

Oui, dans ce jour de douleur,
Tout à la fois redouble & foulage ma peine :

Un fonge, fait pour infpirer l'horreur,
Et pour donner quelque efpoir à mon cœur,
S'eft joué cette nuit de mon ame incertaine.

(*RÉCITATIF OBLIGÉ.*)

A la trifte clarté de flambeaux pâliffans,
J'ai vu, dans l'épaiffeur des plus fombres ténebres,
Les auteurs de mes jours défigurés, fanglans,
Pouffant des cris douloureux & funebres.
  Des tombeaux, des poignards,
  Des affaffins impies,
  Des fpe-tres, des furies
  Les entouraient de toutes parts.
A ce fpe-tacle affreux un orage fuccede :
  Un vaiffeau cede
  A fes cruels efforts,
  Et périt fur ces bords.
Mais tout-à-coup le Ciel eft fans nuage ;
  Le Soleil brille dans les airs ;
  Le calme regne fur les mers ;
Tout d'un parfait bonheur femble être le préfage.

A I R.

Ah ! m'eft-il permis d'efpérer !
Je n'ai jamais été coupable ?
Grands Dieux ! voulez-vous réparer

Tant de maux dont l'excès m'accable ?
Oui, vous laiffez fléchir vos cœurs ;
La pitié fuccede à la haine ;
J'ai trop fouffert de vos rigueurs ;
Vous allez terminer ma peine.
(*Elle apperçoit Thoas.*)
Vain & frivole efpoir !.. Thoas vient en ces lieux...
Que fon afpect m'eft odieux !

SCENE IV.

IPHIGÉNIE, THOAS , ELISE , *Gardes de*
THOAS.

THOAS.

DE Diane en ce jour on célebre la fête :
Pour ma félicité tout à l'envi s'apprête :
Vous-même avez prefcrit ce terme à mon ardeur ;
Rien ne peut déformais différer mon bonheur.

IPHIGÉNIE.

Sans une crainte épouvantable,
Je ne puis voir ce moment redoutable.

THOAS.

Que dites-vous ?

IPHIGÉNIE.

Tremblez de recevoir ma foi :
Les Dieux font irrités contre vous, contre moi.

THOAS.

Qui peut exciter leur colère ?

IPHIGÉNIE.

Vos coupables defirs, votre amour téméraire.
Penfez-vous qu'ils verront d'un œil indifférent
A leurs Autels facrés enlever leur Prêtreffe ?
Qu'ils fouffriront qu'aux piés de la Déeffe
On veuille me forcer d'abjurer mon ferment ?

THOAS.

L'Amour auprès des Dieux excufera la flame
Que lui-même pour vous alluma dans mon ame.
Mon trône vous attend : ne me contraignez plus
A former plus long-temps des defirs fuperflus.

D u o.

IPHIGÉNIE.	*THOAS.*
Ne fois pas inflexible,	Ne fois pas inflexible,
Diane ! entends mes vœux :	Amour ! entends mes vœux :
Eteins fon amour odieux ;	Protege un Amant malheureux ;
Et que Thoas, s'il eft poffible,	Et qu'Iphigénie infenfible,
Renonce à jamais à fes feux.	Ceffe enfin de l'être à mes feux.

SCÈNE

SCENE V.

LES MÊMES ACTEURS, LE *PEUPLE*.

THOAS.

MOn Peuple, qui me croit heureux,
Avant de nous conduire aux piés de la Déeffe,
Vient, pour nous témoigner ici fon allégreffe.

LE ÇHŒUR.

Chantons Thoas': que fon fort eft charmant !
De la beauté, de la jeuneffe
Il termine enfin la trifteffe,
Et l'Himen couronne l'Amant.

Chantons Thoas, que fon fort eft charmant !

(On danfe.)

UNE SCITHE.

Lorfque Vénus rendit les armes
Au Dieu qui répand les alarmes,
Elle avait moins d'appas, il avait moins d'amour.

UN SCITHE.

Le Dieu qui lance le tonnerre,
Le terrible Dieu de la guerre,
Sous fes traits, fe font voir à cet heureux féjour.

C

ENSEMBLE.

De deux Epoux si pleins de gloire,
Chantons l'himen & la mémoire :
Par nos jeux à jamais consacrons ce beau jour.

Avec le C H Œ U R.

Chantons Thoas , Iphigénie ;
La valeur aux Graces unie ;
Que leurs noms jusqu'aux Cieux soient portés tour
  à tour.

(*On danse.*)

(*Le Théâtre s'obscurcit , les éclairs brillent , le
tonnerre gronde.*)

Quelle épaisse vapeur se répand dans les airs !
Les vents sont déchaînés... Quelle nuit ! quels éclairs !
Je sens trembler la terre...
Quels éclats de tonnerre !

L E C H Œ U R.

Dieux ! suspendez vos coups :
Détournez ce funeste orage.

T H O A S.

Dieux ! de votre courroux
Est-ce encore un nouveau présage ?

LE CHŒUR.

Hâtons-nous, fuyons tous ;
La mort ferait notre partage.

THOAS.

Le Ciel autour de nous
Répand l'horreur & le ravage.

SCENE VI.

LES ACTEURS PRÉCÉDENTS. UN SCITHE.

LE SCITHE.

LEs Dieux ne font point courroucés :
Un vaiſſeau va faire naufrage,
* Les flots l'un ſur l'autre preſſés
Le lancent contre ce rivage :
Déjà l'on voit des Etrangers,
Au ſein des Mers & des dangers,
Lutter contre l'onde en furie.

THOAS.

Ils tentent vainement de conſerver leur vie :
Ou dans les flots, ou ſur ce bord,
Ils trouveront l'inévitable mort.

C ij

CHŒUR GÉNÉRAL.

<table>
<tr><td>THOAS & les SCITHES d'un
côé du Théâtre.</td><td>IPHIGÉNIE & les PRÊTRESSES
de l'autre côté du Théâtre.</td></tr>
<tr><td>Vous nous envoyez des victimes :
Grands Dieux ! tout leur sang va
  couler.
Oui, dans nos fureurs légitimes,
Nous allons vous les immoler.</td><td>Eloignez ces tristes victimes ;
Grands Dieux ! ou leur sang va
  couler.
Pouvez-vous trouver légitimes
Ces fureurs de tout immoler ?</td></tr>
</table>

FIN DU PREMIER ACTE.

Nota. Il n'y a point d'interruption du premier au second Acte. Pour conserver l'illusion de la Scêne, la tempête dure toujours. Sitôt que THOAS, IPHIGÉNIE & leur Suite sont retirés, le Théâtre change & représente une Mer furieuse ; on voit un Vaisseau brisé contre un rocher, & PILADE qui se saisit avec beaucoup de peine d'un des rochers qui bordent les deux côtés du Théâtre.

ACTE SECOND.

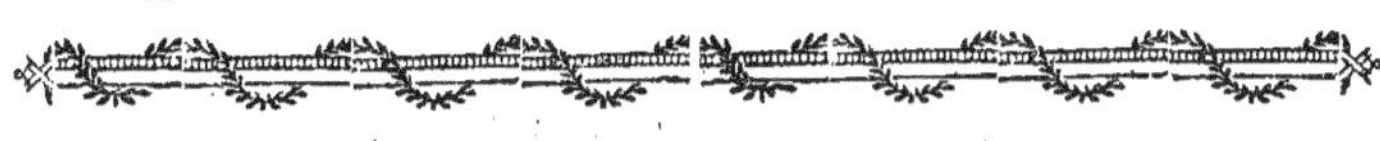

SCENE PREMIERE.

PILADE, *seul.*

*(Quand il est parvenu au milieu du rocher, il tombe
accablé de fatigue & de douleur.)*

AIR.

O Sort funeste !
Ah ! je l'ai perdu !
Mon cher Oreste !
Qu'es-tu devenu ?

*(Il se leve, monte jusqu'à la pointe du rocher, &
regarde de tous côtés.)*

Ah ! je regarde en vain, je ne vois rien paraître...
Les abîmes des flots peut-être....
Dieux inhumains ! contre moi pourriez-vous
Exercer à ce point votre fatal courroux ?

O fort funefte, &c.

(Il retombe accablé, il fe releve & regarde encore, enfin il apperçoit ORESTE*.)*

Que vois-je ? c'eft Orefte ! ô ciel ! il va périr !
Volons le fecourir.

(Un inftant après il amene ORESTE *fur le Théâtre.)*

S C E N E. II.

ORESTE , PILADE, *(fe tenant embraffés.)*

P I L A D E.

Quel moment pour mon cœur fenfible !
Après avoir craint ton trépas,
Ton trépas, des tourmens pour moi le plus horrible,
O mon ami ! je te tiens dans mes bras.

O R E S T E.

Sans toi j'allais perdre la vie,
Mais je trouvais la fin de mes malheurs,
De mes tourmens , de mes fureurs,
De mon ignominie :
Sur ma tête déjà la mort levait fa faulx,
Il fallait lui laiffer terminer tous mes maux.

P I L A D E.

»';Pilade ! ô ciel ! laiffer périr Orefte !

Ne te fouvient-il plus que du courroux des Dieux
C'eft ici que tu dois trouver le terme heureux ?

O R E S T E.

Eh ! j'allais le trouver fans ton fecours funefte !
   Mon fort eft d'être un objet éternel
De douleurs, de remors, de vengeance, de haine ;
Le mériter ce fort, eft ma plus grande peine ;
Tu m'as rendu, Pilade ! un fervice cruel.

P I L A D E.

Ah ! ne vas pas rouvrir la fource de mes larmes ;
Au nom de l'amitié, mets fin à tes alarmes.

O R E S T E , (*devenant furieux par dégré.*)

Non, ne l'efpere pas, mon crime eft trop affreux :
Par tout il me pourfuit : du ciel impitoyable
J'éprouve à chaque inftant la vengeance effroyable.
A mes regards tremblans l'Enfer s'ouvre en tous
   lieux...
Je le vois... il en fort une ombre menaçante...
    C'eft Clitemneftre ! ô dieux !
Oui, c'eft elle ; je vois fa bleffure fanglante....
    Quels regards furieux !
Arrête, ombre terrible ! Ah ! ma mere ! pardonne...
Pourquoi montrer toujours ce poignard à mes yeux ?
Eh bien ! frappe, à tes coups Orefte s'abandonne.

Où fuis-je ? quelle nuit !
Tout l'Enfer me pourfuit...
Fuis, barbare Euménide !
Fuyez, Spectres affreux !
Si je fuis parricide,
C'eft le crime des Dieux.

A i r.

Fais éclater la foudre,
Arme-toi, Dieu vengeur.
Frappe, réduis en poudre
Un monftre à l'univers, à lui-même en horreur.

(Il tombe accablé contre un des rochers, & refte dans cet état jufqu'à l'endroit de la fcêne fuivante, où PILADE *le retire de fon accablement.)*

P I L A D E.

Malheureux Orefte ! il s'égare.

SCENE III.

ORESTE, PILADE, THOAS, SCITHES
armés, PEUPLE *qui fuit.*

THOAS.

ARrêtez, rendez-vous, ennemis de nos Dieux !
Qu'on les charge de fers.

(*On les enchaîne ; l'accablement d'*ORESTE
l'empêche de s'en appercevoir.)

PILADE.

Qu'ordonne-tu ? barbare !

THOAS.

A subir le trépas préparez-vous tous deux.
    Nul étranger sur ce rivage
    N'évite un destin rigoureux ;
    La mort suit de près son naufrage.

PILADE.

Quelle loi ! quel affreux moment !
(*à part.*)
    Oreste ! ô ciel ! il faudra qu'il périsse !
(*Il s'approche d'*ORESTE, *& le serre dans ses bras.*)

D

ORESTE, *revenant de son accablement.*

Que dis-tu ?

PILADE.

Vois ces fers.

ORESTE.

Dieux ! quel nouveau malheur !

PILADE.

Vois ce peuple cruel... de nous, dans sa fureur,
Il va faire à ses Dieux un sanglant sacrifice.

ORESTE.

De nous !

(*à* THOAS.)

Ah ! par pitié, que seul je le subisse.
Je suis seul criminel.

THOAS.

Vous périrez tous deux.

(*au Chef des Gardes.*)

Que la Prêtresse de ces lieux
Se hâte d'obéir aux volontés des cieux ;
Qu'à les frapper elle s'apprête :
La Déesse au trépas a dévoué leur tête :
Que leur sang à nos yeux versé sur son autel
Assure à cet empire un bonheur éternel.

ORESTE.

Ami ! Dieux ! que ta mort me rend la mienne horrible !

PILADE.

Rappelle ta vertu dans ce moment terrible !

(*On les emmene.*)

SCENE IV.

THOAS, SCITHES.

THOAS.

Dieux tout-puiſſans ! Dieux immortels !
Soyez-nous toujours favorables.
Le ſang des victimes coupables
Va couler ſur vos ſaints autels.

Le *CHŒUR répete ces quatre Vers.*

THOAS, avec le Chœur & la Danſe.

D'un œil propice,
O Dieux ! regardez
Le ſacrifice
Que vous commandez.

(*On danſe.*)
D ij

Un SCITHE & une SCITHE.

Que cette fête augufte & fainte
Va relever l'éclat de ce beau jour !
Dieux bienfefans ! Himen ! Amour !
De nos temples facrés que vos noms tour à tour
Rempliffent la vafte enceinte.

Le CHŒUR.

Dieux bienfefans ! Himen ! Amour !
De nos temples facrés que vos noms tour à tour
Rempliffent la vafte enceinte.

(On danfe.)

FIN DU SECOND ACTE.

ACTE TROISIEME.

*Le Théâtre repréfente la partie du Temple de Diane
réfervée aux Prêtreffes.*

SCENE PREMIERE.

IPHIGÉNIE, PRÊTRESSES.

IPHIGÉNIE.

AH ! barbare Thoas ! jufques dans ta pitié,
Tu conferves toujours la fureur qui t'anime.
J'ai vainement gémi , vainement fupplié ;
Il croit devoir aux Dieux au moins une victime ;
Il veut que l'un des deux leur foit facrifié ;
  Et je n'ai que le choix du crime.
Ah ! que n'ai-je pas fait pour les fauver tous deux !

Mais le cruel eſt inflexible ;
Moi-même au fort des malheureux,
Il voudrait me rendre infenſible.

A I R.

Quel tourment ! quel trifte deſtin !
Ah ! que mon ame eſt attendrie !
Non, non, le cœur d'Iphigénie
N'eſt pas né pour être inhumain.
J'ai vû parer l'Autel où ma fanglante main
A l'un de ces mortels arrachera la vie.
Dieux puiſſans ! eſt-ce-là votre ordre fouverain ?
Quel tourment ! quel trifte deſtin !
Ah ! que mon ame eſt attendrie !

SCÈNE II.

IPHIGÉNIE, ORESTE, PILADE,
PRÊTRESSES. *

IPHIGÉNIE.

ETrangers que je plains, ne me confondez pas
Avec les habitans de ces affreux climats :
A fervir un tiran le deftin ma contrainte,
J'ai connu, comme vous, la peine & les douleurs;
Et, fi vous me voyez dans cette trifte enceinte,
    Ne l'imputez qu'à mes malheurs.

PILADE.

Qui ! vous ! née en ces lieux, & vous êtes fenfible !

IPHIGÉNIE.

Moi ! je ne fuis point née en ce féjour horrible :
    Parmi des mortels généreux,
    Dans le climat le plus heureux
    Les Dieux m'ont accordé la vie ;

---

* Obferver que dans tout le commencement de cette Scène,
IPHIGÉNIE porte plus particuliérement la parole à ORESTE
qu'à PILADE, & que PILADE s'empreffe toujours de répondre
pour lui , dans la crainte où il eft qu'ORESTE ne révele leur
fecret.

Mais vous , quelle eſt votre patrie ?
Si j'en croyais ce vêtement ,
Il rappelle la Grece à mon ame attendrie ;
Confirmez dans mon cœur ce doux preſſentiment.

PILADE.

Il ne vous trompe pas ; la Grece nous vit naître.

IPHIGÉNIE.

En quel lieu ?

PILADE.

Dans Argos.

IPHIGÉNIE.

Et de quel ſang ?

PILADE.

Hélas !
Vous allez dans l'inſtant nous livrer au trépas ;
Ne cherchez point à nous connaître.

IPHIGÉNIE écartant PILADE , & s'adreſſant à ORESTE.

Et quel eſt dans Argos , le ſort d'Agamemnon ?

ORESTE.

Agamemnon ! grands Dieux ! quel nom
Prononcez - vous ?

IPHIGÉNIE.

IPHIGÉNIE.

Quelle eſt ſa deſtinée ?

ORESTE, d'une voix ſourde & précipitée.

Il n'eſt plus.

IPHIGÉNIE.

Il n'eſt plus ! quel coup affreux du ſort
D'un Roi ſi plein de gloire a pu cauſer la mort ?

ORESTE.

D'un infâme complot victime infortunée. . . .

IPHIGÉNIE.

Que dites-vous ? quoi ! le fer aſſaſſin. . . .

PILADE.

Ah ! de grace !

IPHIGÉNIE.

(*D'une voix tremblante.*)

Quelle eſt la criminelle main ?. . .

ORESTE.

Celle de ſa femme adultere.

IPHIGÉNIE.

De Clitemneſtre ! ô Ciel ! quel horrible miſtere !
» Et de ce crime affreux quel fut le fruit ?

ORESTE.

La mort.

E

IPHIGÉNIE.

» Comment ?

ORESTE.

Son fils...

PILADE.

Arrête, quel transport !...

IPHIGÉNIE.

» Eh bien son fils ?...

ORESTE.

Son fils... il a vengé son père,
En plongeant un poignard dans le sein de sa mère.

IPHIGÉNIE.

(*Seule.*)   (*Avec le CHŒUR.*)
Qu'ai-je entendu ! quels forfaits inouis !
O Dieux ! vous les avez permis !
» Qu'est devenu ce fils ?

ORESTE.

L'horreur du monde.

IPHIGÉNIE.

Hélas !

ORESTE.

» Traînant par tout sa misère profonde,
» Il a cherché la mort qu'il a trouvée enfin.

CHŒUR.

P I L A D E à part, à O R E S T E.

Aveu fatal d'un myſtère effroyable
Que tu devais taire à jamais !

I P H I G É N I E.

Malheureux père ! épouſe ! fils coupable !
Quel aſſemblage de forfaits !…

Le C H Œ U R.

Quel eſt ton ſort ! famille déplorable !
Quel aſſemblage de forfaits !

I P H I G É N I E.

Eh ! que reſte-t-il donc de ce ſang miſérable ?

O R E S T E.

Electre, que la peine & la douleur accable.

I P H I G É N I E.

Ah ! je ſuccombe à tant de maux affreux !
(*Elle tombe dans les bras de quelques Prêtreſſes.*)

E L I S E.

Vous déchirez ſon cœur ; éloignez-vous tous deux.
(*Quatre Prêtreſſes les conduiſent dans l'intérieur
du Temple , & reviennent ſur le champ.*)

SCENE III.

IPHIGÉNIE, PRÊTRESSES.
IPHIGÉNIE.

AIR.

» O Reste est mort ! malheureux frère !
» C'en est donc fait ! tout est fini pour moi !
J'espérais que les Dieux se serviraient de toi,
Pour terminer bientôt l'excès de ma misère.
Mais tu n'es plus !... malheureux frère !
Oui, c'en est fait, tout est fini pour moi...

LE CHŒUR.

O sort fatal ! déplorable Princesse !
Quels yeux pourraient te refuser des pleurs !
Puissent nos chants suspendre ta tristesse !
Et de tes maux adoucir la rigueur !..

IPHIGÉNIE revenant de son accablement.

O jour affreux ! jour à jamais funeste !
Elise, fais rentrer ces amis malheureux.
(*On va les chercher.*)
Tu n'es donc plus ! mon cher Oreste !
Qu'Electre sache au moins quel est mon sort affreux.

SCENE IV.
LES ACTEURS PRÉCÉDENS.
ORESTE, PILADE.
IPHIGÉNIE.

AU trépas tous les deux je voulais vous fouftraire :
Je ne puis : un tiran, une loi fanguinaire
    S'oppofe au plus cher de mes vœux :
Un feul peut profiter de mes foins généreux :
» Vous partagez mon cœur, la pitié qui me preffe
Rend mon choix difficile autant que douloureux :
    A tous les deux je m'intéreffe.....
» Mais puifqu'il me faut faire un choix fi rigoureux...
  (*A ORESTE.*)
Vous partirez.

ORESTE.

   Qui ! moi !

IPHIGÉNIE.

         C'eft par vous que la Grece
Saura ce qui m'enchaîne à ce funefte bord,
Et je vais profiter du moment qu'on me laiffe,
Pour remettre en vos mains le fecret de mon fort.
    (*Elle fort avec les Prêtreffes.*)

SCENE V.
ORESTE, PILADE.

PILADE.

O Moment cher à ma tendresse !
(*Voulant embrasser* ORESTE.)
Aux dépens de mes jours j'aurai sauvé les tiens.

ORESTE *se reculant & d'une voix sombre.*

De la sainte amitié connais-tu les liens ?

PILADE.
Oui, sans doute.

ORESTE.
Crois-tu qu'Oreste les connaisse ?

PILADE.
Si je le crois !

ORESTE.
Cruel !

PILADE.
D'où vient cette fureur ?

ORESTE.
De la barbare joie où tu livres ton cœur.
(*avec un calme affecté.*)
Ecoute, tu dis que tu m'aimes ?

P I L A D E.

Ah! Dieux!

O R E S T E.

Prends donc ma place, & laiſſe-moi mourir.

P I L A D E.

Moi! qu'exige-tu? non, je n'y puis conſentir.

O R E S T E.

A i r.

Cruel! & tu dis que tu m'aimes!
Non, tu ne m'as jamais chéri;
Tu trahis l'eſpoir d'un ami,
Ta foi, l'honneur & les Dieux-mêmes.
Eſt-ce à toi de mourir? comme moi parricide,
Viens, réponds : de ta mere as-tu percé le flanc?
Et le ciel pour punir cet horrible homicide,
Arme-t-il contre toi ſon courroux menaçant?
» Vois-tu fuir devant toi la terre épouvantée?
» Marcher à tes côtés ta mere enſanglantée?
» Vois-tu d'affreux ſerpens de ſon front s'élancer,
» Et de leurs longs replis te ceindre & te preſſer?
     Cruel! & tu dis que tu m'aimes! &c.

La mort comblait mon eſpérance,
Mes longs tourmens allaient finir,

La mort terminait ma souffrance ;
Tu veux m'empêcher de mourir.

Cruel ! & tu dis que tu m'aimes ! *&c.*

PILADE.

Je t'aime plus que moi : le ciel m'en est témoin :
Il sait que ton bonheur est mon unique soin.

AIR.

Oreste ! au nom de la patrie,
Au nom de ta sœur & des Dieux,
Ecoute un ami qui te prie,
Quand il veut t'immoler sa vie,
Ne résiste point à ses vœux.

(*tombant à ses pieds.*)

Vas porter au sein de la Grece,
Loin de ces funestes climats,
Le souvenir de ma tendresse,
Et l'heureux fruit de mon trépas.

Oreste ! *&c.*

ORESTE.

Non, ne l'espere point : non, par ces vaines larmes,
Cruel ami ne crois pas m'attendrir ;
Elles font pour mon cœur fans pouvoir & fans
charmes :
Si tu ne te rends pas, je vais tout découvrir.
» Je me déclare un monstre abhorrant la lumière,

Qui

» Qui s'eſt fait un tombeau de la nature entière,
» Je dis qui m'a fait naître & qui j'ai fait périr,
Je dis....

PILADE.

Quelle fureur !....

ORESTE.

Tu le veux donc, je vole.

PILADE.

Arrête.

ORESTE.

Non, ton attente eſt frivole :
Ou jure-moi dans le moment
Que tu partiras à ma place.

PILADE.

Cruel ! tu crois me faire grace,
Tu mets le comble à mon tourment.

ORESTE.

Répons.

PILADE, *à part.*

Comment calmer cette rage infenſée !
Vous m'infpirez, grands Dieux ! oui, je puis joindre
Alcée....
Armer nos Grecs...

F

O R E S T E.

Eh bien!

P I L A D E.

Je foufcris à tes vœux.
Je pars, & toi, cruel ! meurs, puifque tu le veux.

SCENE VI.

IPHIGÉNIE , ORESTE , PILADE ,
PRÊTRESSES.

IPHIGÉNIE tenant à la main la Lettre qu'elle
vient d'écrire.

(*à* ORESTE.)

MOn cœur se fie à votre zele ,
(*lui présentant la Lettre.*)
Je remets en vos mains ce dépôt précieux.
Embrassez votre ami fidele ,
Dites-lui d'éternels adieux.

ORESTE.

Ah ! souffrez que pour moi votre pitié soit vaine :
Je ne puis accepter vos bienfaits généreux :
En immolant cet ami malheureux ,
Sans le vouloir , vous seriez inhumaine.

IPHIGÉNIE.

Que dites-vous ?

ORESTE.

Ce tendre ami ,
Depuis mon infortune , en tous lieux , m'a suivi,

F ij

Sans lui j'aurais encore été plus misérable.
Je fuis feul criminel, mon ami ne l'eft pas ;
C'eft à lui d'éprouver un deftin favorable,
  C'eft à moi feul de fubir le trépas.

IPHIGÉNIE.

Eh ! quoi ! lorfque je veux vous conferver la vie !...

ORESTE.

La mort eft mon unique envie :
Par pitié laiffez-moi mourir.

IPHIGÉNIE.

(montrant PILADE.)

Non , vous ne mourrez pas... il n'y peut confentir.

PILADE, *à part.*

Voici l'inftant fatal que craignait ma tendreffe !

ORESTE, *bas à* PILADE.

Souviens-toi que j'ai ta promeffe.

IPHIGÉNIE, *à* PILADE.

Parlez.

PILADE, *à part.*

Hélas !

IPHIGÉNIE.

Eh bien ?...

P I L A D E , *héfitant.*

De partir… malgré moi…
Je me fuis impofé la rigoureufe loi. ·

O R E S T E , vivement à IPHIGÉNIE *qui a l'air*
affecté de la réponfe de PILADE.

A fon cœur généreux gardez d'en faire un crime:
Ah! c'eft de l'amitié l'effort le plus fublime.

IPHIGÉNIE, après un moment d'intervalle, où
tout annonce fa douleur.

(*à* ORESTE.)
Eh bien? vous le voulez, à vos vœux je me rends…
(*à* PILADE.)
Remettez cet écrit à mes triftes parens.

O R E S T E .

Ah! je refpire enfin, mon bonheur eft extrême.

P I L A D E.

Cher ami!

O R E S T E.

Tu vivras, je furvis à moi-même.

P I L A D E.

Quoi　pour jamais il faut nous féparer!

O R E S T E.

Vas, pars, ami rare & fidele !
Ne perds pas un inftant à lui prouver ton zele :
A dieu.

(Ils s'embraffent.)

I P H I G É N I E.

De quel tourment je me fens déchirer !

T R I O.

I P H I G É N I E.

Si mon cœur reffent leurs alarmes ,
Ah ! pardonnez-moi , juftes Dieux !
Puis-je , fans verfer des larmes ,
Voir de fi touchans adieux !

O R E S T E, à Pilade.

Ah ! retiens , retiens tes larmes ,
O mon ami ! terminons ces adieux.
La mort a pour moi des charmes ,
Mon fang doit fléchir les Dieux.

P I L A D E.

Ah ! faut-il que je t'abandonne !

I P H I G É N I E & O R E S T E.

Le devoir , l'amitié l'ordonne.

O R E S T E.

O mon ami! terminons ces adieux.

ÏPHÏGÉNIE & PILADE.

Quels funeftes adieux!

ORESTE & PILADE.

Je fens mon cœur qui fe déchire.

TOUS TROIS.

Quelle douleur! quel martyre!

ORESTE & PILADE.	IPHIGENIE.
Ah! dans cet embraffement,	Ah! dans ce cruel moment,

ENSEMBLE.

Grands Dieux! faites que j'expire,
Et finiffez mon tourment.

O R E S T E.

Qu'une fœur, hélas! qui m'eft chère,
Dans mon ami retrouve un frère.

P I L A D E.

Ta mort comblerait fa misère;
Pourrais-je encore la fecourir!

I P H I G É N I E.

Quoi! fa fœur! hélas! j'eus un frère...
Sa mo t a comblé ma misère...
O trop funefte fouvenir!

ORESTE.

Ah ! retiens, retiens tes larmes.

PILADE.

Non, laiſſe couler mes larmes :
Puiſſent-elles fléchir les Dieux !

ORESTE.	IPHIGÉNIE.
La mort a pour moi des charmes,	Puis-je, ſans verſer des larmes,
Mon ſang doit fléchir les Dieux.	Voir de ſi touchans adieux !

PILADE.

Ah ! faut-il que je t'abandonne !

IPHIGÉNIE, ORESTE.

Le devoir, l'amitié l'ordonne. &c.

(*Quand le Trio eſt fini*, ORESTE & PILADE *reſtent
un moment embraſſés le plus étroitement ; mais*
IPHIGÉNIE *les fait ſéparer par les Prêtreſſes ; dès
qu'ils le font, elle s'en va avec les Prêtreſſes qui
emmenent* ORESTE. *Les deux amis témoignent
leur douleur mutuelle. Quand* PILADE *ne voit
plus* ORESTE, *il s'avance ſur le bord du théâtre,
& dit vivement :*)

Ah ! pour ſauver ſes jours je vais tout haſarder,
Dieux juſtes ! Dieux puiſſans ! daignez me ſeconder.

FIN DU TROISIEME ACTE.

ACTE QUATRIEME.

Le Théâtre repréſente le Temple de Diane.

SCENE PREMIERE.

Marche de PRÊTRESSES *qui apportent des Guirlan-*
des, les Vaſes, le Couteau ſacré, & qui poſent
le tout deſſus & au pied de l'Autel.

CHŒUR DE PRÉTRESSES.

Dèèſſe ſévère & puiſſante !
Une main timide & tremblante
Va répandre ſur ton Autel
Le ſang d'un malheureux mortel.

G

Puiſſe cette triſte victime
Calmer le courroux qui t'anime !
Puiſſe-t-elle calmer enfin
La fureur d'un peuple inhumain !

SCENE II.

IPHIGÉNIE , ELISE , PRÊTRESSES.

IPHIGÉNIE.

ON va conduire ici la victime innocente.
Du farouche Thoas la haine impatiente
Preſſe l'inſtant fatal où le ſang doit couler.
    O Dieux ! .. il faudra l'immoler !
    Dans mon cœur une voix ſecrette
    A chaque inſtant crie & répete :
    » Tremble d'obéir à Thoas ;
    Et cependant voilà l'Autel funeſte ;
    Voilà le fer dont le courroux céleſte !
    Me commande d'armer mon bras.
Non, il ne mourra point... un pouvoir invincible
Réſiſte dans mon cœur à cette loi terrible.
Je veux ſavoir ſon rang, ſa naiſſance, ſon nom :
    Ce qu'il m'a dit d'Agamemnon,
    De ma mère, d'Oreſte,

De leur deftin funefte ;
Ses fureurs, fes remors, fes reproches aux dieux,
Les pleurs qui coulaient de fes yeux,
Sa générofité, l'excès de fa misère,
Tout me fait un devoir d'éclaircir ce myftère.
De trop de mouvemens mon cœur eft agité :
Je ne frapperai dans cette obfcurité !...
C'eft lui...

SCÈNE III.

IPHIGÉNIE, ORESTE, PRÊTRESSES,

IPHIGÉNIE.

POur votre mort en ces lieux tout s'apprête ;
On s'en fait une horrible fête.
Il n'a tenu qu'à vous de conferver vos jours ;
Vous avez mieux aimé refufer mes fecours.

ORESTE.

Je l'ai du.

IPHIGÉNIE.

Votre ami profite
De la pitié qui me parlait pour vous.

ORESTE.

Je n'en étais pas digne, & lui seul la mérite :
C'est sur moi que du sort doivent tomber les coups.

IPHIGÉNIE.

Mais qui donc êtes-vous ? vous, de qui la tendresse
Se porte à cet excès de générosité ?
Quel était votre nom, votre rang dans la Grece ?

ORESTE.

Ah ! laissez-moi mourir dans mon obscurité.

IPHIGÉNIE, après avoir fait voir combien le
refus d'Oreste lui est sensible.

Ne puis-je au moins savoir si, dans votre Patrie,
On parle quelquefois encor d'Iphigénie ?

ORESTE.

Iphigénie ! ô mortelles douleurs !
La Grece tous les jours plaintive & repentante,
Sur son tombeau verse des pleurs.

IPHIGÉNIE.

Détrompez-vous ; elle est vivante.

ORESTE.

Elle est vivante ! & dans quels lieux ?...

IPHIGÉNIE.

Ici, dans ce Temple...

ORESTE.

Ah! grands Dieux!

Iphigénie!...

IPHIGÉNIE.

Il tremble... il se trouble... il soupire...

ORESTE.

Iphigénie... à peine je respire...

IPHIGÉNIE.

D'où lui vient ce saisissement!
Et moi-même, grands Dieux! quel secret mouve-
ment!...
Sa jeunesse... ses traits... il serait de son âge!...
Oreste...

ORESTE.

Ciel! qu'entens-je! Oreste!

IPHIGÉNIE.

Au nom des Dieux!...
Parlez.

ORESTE *hésitant.*

Non... je ne puis en dire davantage.

IPHIGÉNIE s'approchant tout près de lui.

Je vois des pleurs s'échapper de vos yeux...
Ah ! de grace...

ORESTE héfitant encore.

A ces pleurs... à mon trouble funefte...

*IPHIGÉNIE les deux mains tendues prefque
fur lui.*

Eh bien ?...

ORESTE.

Connaiffez donc le malheureux Orefte.

IPHIGÉNIE.

Mon frère !

ORESTE.

Iphigénie !

ENSEMBLE.

Eft-il poffible ! ô Cieux !

*(Ils fe tiennent étroitement embraffés pendant la
ritournelle du Duo.)*

Duo.

IPHIGÉNIE.

Quel bonheur !

ORESTE.

O ma fœur !

ENSEMBLE.

La bonté célefte
Prend-elle enfin pitié de moi.

IPHIGÉNIE.

O mon frere! ô mon cher Orefte!
Je t'ai cru mort ; je te revoi.

ORESTE.

Mes tourmens, mon malheur funefte,
Vont-ils ceffer, quand je te voi ?

ENSEMBLE.

Que la pitié parle à vos cœurs,
Grands Dieux ! qui voyez notre peine :
Mettez un terme à nos malheurs,
Mettez un terme à vôtre haine.

(Ils retombent dans les bras l'un de l'autre.)

SCENE IV.

IPHIGÉNIE, ORESTE, THOAS,
PRÊTRESSES, Gardes de THOAS.

THOAS, du fond du Théâtre.

Que vois-je !

IPHIGÉNIE.

C'eft Thoas !

T H O A S.

De son sang criminel
Lorsque devrait fumer l'autel ;
Perfide ! dans tes bras je trouve la victime...
Du Ciel sers à l'instant le courroux légitime.

I P H I G É N I E.

Cruel ! qu'ose-tu commander ?
Sais-tu quel est son sang pour me le demander ?

T H O A S.

Je sais qu'il doit périr.

I P H I G É N I E.

Barbare ! il est mon frere.

O R E S T E.

Oui , je le suis , je suis le fils d'Agamemnon ,
Baisse les yeux, Tiran ! & respecte ce nom.

T H O A S.

Les Dieux l'ont condamné, sa mort est néceffaire ;

(*Il avance fur* ORESTE *pour le percer*).

Et ce fer....

IPHIGÉNIE , courant au-devant de THOAS *, &*
l'arrêtant d'un bras.

Arrêtez.

Aux

(*Aux Prêtresses au milieu desquelles elle pousse* Oreste *de son autre bras.*)

Vous, veillez fur fes jours.

THOAS, voulant l'arracher des mains des Prêtresses *qui s'opposent à fes efforts.*

Votre pitié pour lui fera d'un vain fecours.

(*Il va pour frapper* Oreste, *mais à l'instant* Pilade *paraît à la tête des Grecs qui dissipent la Garde de* Thoas, *tandis que* Pilade *court après le Tiran & le frappe lui-même au moment qu'il va frapper* Oreste.)

SCENE V.

LES ACTEURS PRÉCÉDENS,
PILADE, GRECS *armés.*

PILADE.

(*Du fond du Théâtre.*)

ORefte! il va périr....

(*Courant fur* Thoas *& le frappant.*)

Tombe à mes piés, Barbare.

THOAS.

Je me meurs.

(*On l'emporte dans la coulisse.*)

CHŒUR de SCITHES.

Vengeons notre Roi.

PILADE.

Courage amis! secondez-moi.

ORESTE.

O mes amis! secondez moi.

(*En même tems* ORESTE *prend un sabre qu'on lui donne & court avec* PILADE *sur les* SCITHES.)

SCÈNE VI.

IPHIGÉNIE, PRÊTRESSES.

IPHIGÉNIE.

AH! pour nous le ciel se déclare:
Prosternons-nous aux piés des saints Autels,
Rendons grace aux Dieux immortels
D'une faveur si rare.

SCENE VII.

LES ACTEURS PRÉCÉDENS,
ORESTE, PILADE, GRECS.
ORESTE tenant PILADE dans ses bras.

O mon ami !

PILADE.

Quel moment pour mon cœur !

ORESTE.

Tu ne fais pas encor tout mon bonheur ;
Connais ma sœur, connais Iphigénie.

PILADE.

Iphigénie ! o cieux !

IPHIGÉNIE.

Mon cher Oreste ! ah ! Dieux ! que mon ame est ravie !
(*Elle reste dans ses bras, jusqu'au moment où , le
Théâtre s'éclairant d'une lumiere plus vive , elle dit.*)

D'où nait cet éclat merveilleux !
C'est Diane qui vient elle-même en ces lieux.

SCENE VIII.

LES ACTEURS PRÉCÉDENS.

DIANE *dans un nuage.*

DIANE.

J'Abolis à jamais l'usage
Qui fit couler le sang de tant de malheureux.
De ce temple de mort emportez mon image;
Quelle aborde avec vous au fortuné rivage
    Où vous avez reçu la lumiere des cieux.

(Le fond du Théâtre s'ouvre, on voit la mer & les Vaisseaux D'ORESTE *& de* PILADE *agités par les vents : le rivage est couvert de Matelots Grecs, qui viennent prendre part à la joie commune, avant de s'embarquer.*

SCENE DERNIERE.

LES ACTEURS PRÉCÉDENS.

MATELOTS GRECS.

DIANE *continue.*

ET toi, trop malheureux Oreste !
Respire, vois la fin

D'un fort rigoureux & funeste,
Et goute désormais le plus heureux destin.
Quittez cet horrible rivage :
Allez rendre heureux vos sujets :
Par vos vertus, par vos bienfaits,
Méritez leur amour , méritez leur hommage.

(DIANE *remonte au Ciel.*)

IPHIGÉNIE, ORESTE, PILADE.

Quittons cet horrible rivage :
Allons rendre heureux nos sujets :
Par nos vertus, par nos bienfaits,
Méritons leur amour, méritons leur hommage.

LE CHŒUR.

Quittons cet horrible rivage :
Venez rendre heureux vos sujets :
Par vos vertus, par vos bienfaits,
Méritez leur amour, méritez leur hommage.

(*Ballet général.*)

*(Pendant la Danse ou le Chœur , huit Prêtresses
chantantes se détachent & sont suivies de plusieurs
Soldats Grecs : elles se rangent respectueusement
autour de la Statue , une partie des Soldats dé-
place la Statue de dessus son piedestal, la chargent*

ſur leurs épaules, prête à la tranſporter dans le Vaiſſeau. Vers la fin de la Contredanſe, IPHI-GÉNIE, ORESTE, PILADE, *les* PRÊTRESSES *& leur ſuite s'envont au fond du Théâtre. Quand la Contredanſe eſt finie, tous les Acteurs s'avancent auſſi dans le fond du Théâtre ; on porte la Statue dans le Vaiſſeau ;* IPHIGÉNIE, ORESTE *&* PILADE *y montent après, le reſte des Acteurs ſe diſpoſe à y monter auſſi, & la toile ſe baiſſe.*

A P P R O B A T I O N.

J'AI lu, par ordre de Monſeigneur le Garde des Sceaux, l'Opéra D'IPHIGÉNIE EN TAURIDE, *Tragédie Lyrique*, & j'ai crû qu'on pouvoit en permettre l'impreſſion. A Paris ce 23 Janvier 1781. BRET.